Fuckery: (vulgar, slang) (plural fuckeries). Nonsense, bullshit

Fuck

Fuck

Fuck

DATE

Fuck

Fuck

Fuck

Fuck

DATE ___________

Fuck

Fuck

Fuck

Fuck

Fuck

Fuck

Fuck

Fuck

DATE

Fuck

DATE ________

Fuck

Fuck

DATE ______________

Fuck

DATE ______________

Fuck

DATE

Fuck

Fuck

DATE

Fuck

DATE

Fuck

DATE ________

Fuck

Fuck

DATE

Fuck

Fuck

Fuck

DATE

Fuck

DATE

Fuck

Fuck

Fuck

Fuck

Fuck

Fuck

Fuck

DATE

Fuck

Fuck

Fuck

DATE

Fuck

Fuck

<u>DATE</u>

Fuck

Fuck

DATE

Fuck

DATE _______________

Fuck

Fuck

DATE

Fuck

Fuck

Fuck

DATE _______________

Fuck

DATE ___________

Fuck

Fuck

Fuck

DATE

Fuck

Fuck

Fuck

DATE

Fuck

Fuck

Fuck

DATE

Fuck

Fuck

<u>DATE</u> _______________

Fuck

DATE __________

Fuck

Fuck

DATE ___________

<u>Fuck</u>

DATE
Fuck

DATE

Fuck

Fuck

Fuck

DATE ___________

Fuck

Fuck

Fuck

Fuck

Fuck

Fuck

Fuck

DATE ___________

Fuck

Fuck

Fuck

DATE

Fuck

DATE

Fuck

Fuck

Fuck

Fuck

DATE

Fuck

Fuck

Fuck

Fuck

Fuck

Fuck

DATE

Fuck

Fuck

Fuck

Fuck

Fuck

Fuck

Fuck

DATE ________________

Fuck

Fuck

DATE

Fuck

Fuck

Fuck